宁夏大学国家科学基金获资助者名录

（2015）

宁夏大学科学技术处 编

黄河出版传媒集团
宁夏人民出版社

图书在版编目（CIP）数据

宁夏大学国家科学基金获资助者名录.2015/ 宁夏大学科学技术处编.— 银川：宁夏人民出版社，2016.12

ISBN 978-7-227-06603-3

Ⅰ. ①宁… Ⅱ. ①宁… Ⅲ. ①科学工作者—宁夏—人名录—2015 Ⅳ. ①K826.1- 61

中国版本图书馆 CIP 数据核字（2016）第 326455 号

宁夏大学国家科学基金获资助者名录（2015）　　宁夏大学科学技术处 编

责任编辑　杨海军
封面设计　邵士雷
责任印制　肖　艳

黄河出版传媒集团
宁夏人民出版社　出版发行

出 版 人　王杨宝
地　　址　宁夏银川市北京东路 139 号出版大厦(750001)
网　　址　http://www.nxpph.com　　http://www.yrpubm.com
网上书店　http://shop126547358.taobao.com　　http://www.hh-book.com
电子信箱　nxrmcbs@126.com　　renminshe@yrpubm.com
邮购电话　0951—5019391　　5052104
经　　销　全国新华书店
印刷装订　宁夏凤鸣彩印广告有限公司
印刷委托书号　（宁)0004022

开　　本　889 mm × 1194 mm　1/16
印　　张　3
字　　数　57 千字
版　　次　2017 年 3 月第 1 版
印　　次　2017 年 3 月第 1 次印刷
书　　号　ISBN 978-7-227-06603-3
定　　价　30.00 元

前 言

国家科学基金项目是我国自然科学和哲学社会科学研究领域具有权威性的基础研究项目，是国家科技创新体系建设的重要组成部分，其覆盖面和影响力大，在引领基础研究与应用研究、产出优秀学术成果、推动人才培养与队伍建设、支撑教育教学发展和学科体系建设等方面发挥了战略性、基础性作用。

获批和完成国家科学基金项目的数量、质量和层次，常常是衡量一所高等院校和科研院所学术水平与创新能力的重要标志之一。2006—2015 年，宁夏大学在科学研究方面取得长足发展，国家科学基金项目立项数量持续增长，立项总数达 558 项，其中自然科学基金项目 417 项，哲学社会科学基金项目 141 项。通过实施国家科学基金项目，极大地提升了我校科学研究、教育教学和人才培养的水平，相关研究成果成为服务地方经济和社会文化发展的智慧之思、动力之源。国家自然科学基金项目、国家社科基金项目极大地推动了宁夏大学相关学科领域基础研究与应用研究，“肺泡上皮细胞与巨噬细胞互作对牛结核分枝杆菌感染的免疫调节机制研究”“多尺度介孔金属氧化物固溶体的设计、合成与气敏性质研究”等国家自然科学基金面上项目，“我国多民族道德生活史系列研究”“西夏通志”“伊斯兰教思想中国化的理论与实践”等国家社科基金重大招标项目等的承担，标志着我校部分学科承担科学研究的能力在国内同领域达到了较高水平。

对广大教学、科研工作者而言，主持完成国家科学基金项目，既是一种学术荣誉，也是一项学术责任和学术使命，更是一份“宁大人”的担当。每一次学术研究的突破，每一项学术成果的取得，都离不开科研工作者的辛勤奉献。通过开展国家科学基金项目，宁夏大学培养了一批有志于学术的优研人才，涌现出了一批功底扎实、锐意进取的学科和学术带头人，形成了一支支奋勇争先、学术实力雄厚的科研团队。国家科学基金项目不但引领了我校基础与应用学科的发展方向，提升了人才培养、服务地方、文化传承的能力，更为宁夏大学留下了宝贵的精神财富。实验室里，科研人员专注的目光、忘我的实验；田间地头和厂矿车间里，科研人员挥汗如雨的身影，忙碌的调研；图书馆里，研究人员求索的神情、睿智的凝思，充分展示着宁大科研人锲而不舍、追求真理的精神风貌，成为“宁大人”艰苦创业、负重拼搏的形象写真。

为留存这份珍贵的精神财富，“不忘初心，继续前进”，我们拟将宁夏大学近年获批的国家科学基金项目汇编成册，内容包括项目名称、主持人及项目简介等。本书汇编的是2015年度获批的61项国家自然科学基金项目和17项国家哲学社会科学基金项目的基本资料。

“雄关漫道真如铁，而今迈步从头越。”成绩已成为历史，未来仍需努力。本书是扇窗，放眼望去，既有历史的记忆，更有对未来的期许。期待宁夏大学科学研究取得更大的成绩，期待宁大续写辉煌！

宁夏大学科学技术处

二〇一七年三月

目 录

国家自然科学基金获得者

王玉炯

1963 年 1 月出生。生命科学学院教授，博士生导师，国家级教学名师，国务院政府特殊津贴专家，教育部“跨世纪优秀人才”，全国模范教师，全国师德先进个人，“宝钢优秀教师特等奖”，自治区“塞上英才”，自治区“有突出贡献专业技术创新人才奖”。主要从事微生物学与免疫学等学科的教学与科研工作。国家自然科学基金 2015 年面上项目获得者。

项目名称 （项目编号：31572494）

肺泡上皮细胞与巨噬细胞互作对牛结核分枝杆菌感染的免疫调节机制研究

项目简介

肺泡是气体交换的唯一场所，组成肺泡的上皮细胞和巨噬细胞在抗结核分枝杆菌感染过程中对维系机体免疫反应动态平衡和肺正常功能发挥着关键作用。研究发现，利用体外 3D 细胞共培养模型在不同感染条件下，上皮细胞和巨噬细胞之间能相互促发或抑制结核分枝杆菌诱导的炎症反应，从而发挥免疫调节作用，但对这种细胞之间作用的调控信号机制还一无所知。本项目在建立牛肺泡上皮细胞体外气液相培养模型基础上，利用巨噬细胞—上皮细胞 3D 共培养模型和 RNA-seq 转录组分析技术，剖析牛结核分枝杆菌感染中上皮细胞与巨噬细胞相互作用的信号调控机制，对开展牛结核病免疫机理研究具有重要意义。

高云澍

1982 年 7 月出生。数学统计学院副教授，硕士生导师，主要从事运筹学与控制论的教学和科研工作。国家自然科学基金 2011 年、2015 年地区基金获得者。

项目名称 （项目编号：11561054）

有向图中点不交圈的存在性参数

项目简介

本项目主要研究有向图中点不交圈的存在性充分条件。首先，研究有向 3- 正则二分图中是否存在两个长度不同的点不交有向圈，解决 Henning 和 Yeo 提出的一个猜想；其次，拟完整刻画 4- 弧控制有向图结构，部分回答 Lichiardopol 在第 20 届英国组合会议提出的公开问题，其中，4- 弧控制的有向图是指每条弧都被某个出度为 4 的点控制的定向图；再次，通过理论证明和构造反例，确定给定最小出度和围长的有向图中点不交圈存在的禁用子图；最后，拟研究正则有向图中的点不交圈的最大个数，考虑 N. Alon 等人提出的关于揭示正则有向图中点不交圈与弧不交圈之间的关系的猜测。

汪文帅

1980 年 12 月出生。数学统计学院副教授，硕士生导师，主要从事地震波数值模拟、复合材料中的断裂问题等研究工作。国家自然科学基金 2012 年青年基金、2015 年地区基金获得者。

项目名称　（项目编号：11561055）

地震数值模拟中模型粗化方法研究

项目简介

本项目拟针对地震波场建立相对的非均匀介质尺度的量化，通过将一点的场值展开成为细观尺度的小参数渐近级数，并与谱元法结合，建立一系列控制方程，发展模型的粗化方法，并给出粗化准则。该方法通过对单胞问题的求解，把细观尺度上的信息，映射到宏观尺度上，从而可在宏观尺度上求解原问题。该粗化方法针对非周期模型介质，拟从理论和数值实验两方面进行论证说明，使得模拟既可节省计算时间和存储，又能保证计算精度，达到发展计算方法目的之根本，为非均匀介质中的地震波模拟提供有效的研究手段。

李兴财

1984 年 3 月出生。物理与电子电气工程学院副教授，硕士生导师，主要从事风沙电现象及其电磁辐射效应相关领域的科研工作。国家自然科学基金 2013 年青年基金、2015 年地区基金获得者。

项目名称　（项目编号：11562017）

带电沙尘暴中的辐射传输理论研究

项目简介

本项目针对带电沙尘暴中的辐射传输进行研究。（1）通过野外实验测量沙尘暴期间高空风沙静电场强度及其沙尘浓度分布信息；（2）以强静电场作用下带电粒子电磁散射模型以及研究内容（1）为基础，讨论带电沙尘暴中电磁辐射传输过程和规律；（3）通过已有大气辐射传输模式分析风沙静电现象对沙尘暴结构遥感反演以及沙尘环境下的遥感反演结果的影响程度。项目研究成果将为沙尘背景下遥感数据和图像分析及利用、介质参数反演等提供理论依据，并对改善和发展遥感仪器，遥感新手段、新方法也具有重要意义。

罗 民

1972 年 5 月出生。博士，化学化工学院教授，硕士生导师，主要从事能源材料化学专业的教学和科研工作。国家自然科学基金 2015 年地区基金获得者。

项目名称 （项目编号：21561026）

仿生超分子自组装制备微纳结构介晶复合电极和电化学性能研究

项目简介

本项目在水热、溶剂热体系中，通过无机离子、有机配体、生物分子（氨基酸、多肽、蛋白）和聚合物分子超分子自组装形成金属有机骨架化合物、氧化物和硫化物纳米晶取向排列的介晶杂化电极材料，然后通过和碳基材料（石墨烯）复合形成介晶/石墨烯复合电极。将该电极材料组装成电化学电容器，系统研究工艺—微纳介晶结构—复合协同作用—超级电容性能关系，尤其是介晶结构控制机理、电子的传输机制和电解液离子在规则的内部孔中的传输扩散机制。获得的微纳结构介晶电极材料有望提高超级电容器的能量密度和循环稳定性问题。本项目为开发一种多级孔结构的电化学电容器用介晶电极材料、优化材料的孔径分布和提高不同孔道之间的集合作用提供了新的思路和方法。

郑庆忠

1979 年 10 月出生。化学化工学院副教授，硕士生导师，主要从事有机化学专业的教学和科研工作。国家自然科学基金 2015 年地区基金获得者。

项目名称 （项目编号：21562034）

基于弱配位基团导向 C-H 键官能团化的研究及其在药物分子末期修饰中的应用

项目简介

本项目拟选用酯和酮类底物与合适的偶联物（如亚磷酸酯、羧基化试剂、氟化及三氟甲基化试剂）反应，通过过渡金属催化实现弱配位的酯和酮导向的 C-H 亚磷酸酯化、羧基化、氟化及三氟甲基化。深入研究此类反应的底物范围、反应机理以及在有机合成中的应用，发展高选择性、高效的弱配位基团导向的合成方法学；并将这些方法应用到商品化非甾体抗炎药物布洛芬、氟比洛芬、萘普生乙酯及临床降血脂药物非诺贝特等药物分子末期修饰中，以发现新的抗炎及降血脂先导药物，并进行构效关系分析。

赵天生

1968 年 8 月出生。化学化工学院（能源化工重点实验室）教授，硕士生导师，国务院政府特殊津贴专家，国家“百千万人才工程”第三层次人选，教育部“新世纪优秀人才支持计划”人选。主要从事煤基应用催化领域的教学和科研工作。国家自然科学基金 2015 年地区基金获得者。

项目名称 （项目编号：21563024）

混合丙烷、C_4烃同步转化制丙烯复合多功能催化剂的研究

项目简介

通过多功能复合氧化物 (II)/ 氧化物 (I)-SAPO-11 分子筛催化剂的设计、制备优化、催化反应活性评价及动力学分析，加强其对脱氢、裂解、易位反应的催化活性，实现混合烃向低碳烯烃的同步转化，同时抑制其对氢解、氢转移等二次副反应的催化活性，增加产物丙烯、乙烯的选择性，减少 C_1-C_3 烷烃和 C_5+ 烃产物的生成，提高丙烯 / 乙烯比。获得多功能复合催化剂的制备规律及其介孔—微孔分布、氧化还原态和酸性质等对混合烃同步转化反应产物分布的影响规律。通过混合烃向丙烯选择转化的催化反应途径及机理研究，揭示催化剂组成—结构—性能关系，以及混合烃组成对转化反应产物分布的影响，为轻烃相互转化高活性催化剂的设计、制备，轻烃合理利用工艺的发展提供科学依据。

倪　刚

1971 年 6 月出生。博士，化学化工学院教授，硕士生导师，主要从事无机化学专业的教学和科研工作。国家自然科学基金 2015 年地区基金获得者。

项目名称 （项目编号：21567021）

分子印迹功能化量子点在水中抗生素智能检测中的应用研究

项目简介

宁夏启元药业和泰瑞制药等企业生产的四环素类、红霉素类、泰乐菌素等抗生素在国内外占有很大份额。这些制药企业工业废水及其带来的抗生素的污染问题值得重视，所以对环境水样中抗生素污染物高效检测十分必要。项目通过将量子点与分子印迹技术相结合，以抗生素类物质为目标模板分子，制备出对抗生素类物质具有选择识别的 MIP-QDS 荧光探针，对其作为高效光化学传感器在抗生素检测、构建分子逻辑门中逻辑判断单元等方面的应用进行研究。建立一些能不受水中复杂环境介质干扰同时对多种抗生素进行快速检测的分析方法，并将其应用于宁夏制药企业废水及环境水中抗生素类物质的智能检测中。

郝凤霞

1978年4月出生。硕士，能源化工重点实验室副教授，主要从事农药环境污染、天然产物提取及药物分析等方面的研究工作。国家自然科学基金2015年地区基金获得者。

项目名称 （项目编号：21567022）

宁夏枸杞中氨基甲酸酯类农药的动态残留及在土壤中的环境归趋

项目简介

土壤既是农药在环境中的“储存库”，又可成为农药二次污染的“源”；同时，土壤基质的复杂性也会影响氨基甲酸酯类农药在土壤中的持留特性，因此，本项目拟以宁夏枸杞生长的最佳土壤——灌淤土、潮土和灰钙土为研究对象，跟踪考察农药在枸杞不同生长期的残留动态，为枸杞常用的几种氨基甲酸酯类农药残留风险评估和限量标准制定提供参考。同时，通过研究农药残留量与土壤理化性质的相互关系，进一步探讨农药在土壤中的吸附、迁移、降解、形态分布等过程及其运动规律，最终揭示其在土壤中的环境归趋，为从源头控制土壤农药污染，保障枸杞质量安全，推动宁夏枸杞走向国际市场提供重要的科学依据。

李小伟

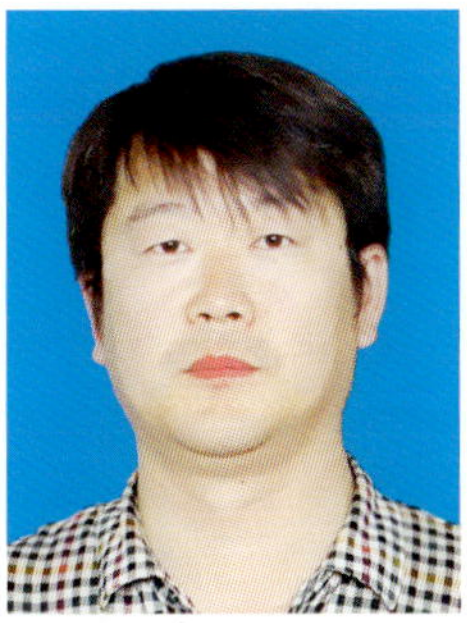

1978年6月出生。农学院副教授，硕士生导师，主要从事植物分类与生态领域的教学和科研工作。国家自然科学基金2015年地区基金获得者。

项目名称 （项目编号：31560154）

沙棘属植物叶片化学计量特征及驱动因素

项目简介

固氮植物在生态系统中扮演很重要的角色，但是对固氮植物生态化学计量特征与环境因子计量模式的研究鲜有报道。因此，在区域尺度上，以水土保持树种沙棘属植物为研究材料，运用生态化学计量学的理论和方法，研究沙棘属植物不同种群叶片生态化学计量特征的空间格局和季节动态，以及与气象因子和土壤养分的关系；在种属水平，分析沙棘叶片生态化学计量特征的地理格局和驱动因素，揭示其生态化学计量特征的地理分布形成机制和气候—营养模式以及系统发育对生态化学计量特征的影响。研究结果不仅可以丰富生态化学计量学陆地生态系统理论，而且有助于理解沙棘属植物如何响应未来气候变化，同时对沙棘植被生态系统固碳能力的提高及碳、氮、水耦合关系的基础研究提供依据。

徐春燕

1981年3月出生。生命科学学院副教授，硕士生导师，主要从事生物技术的教学和科研工作。国家自然科学基金2015年地区基金获得者。

项目名称　（项目编号：31560158）

荒漠化草原土壤漆酶基因多样性及微生物群落结构研究

项目简介

漆酶是降解木质素的关键酶之一，与凋落物降解紧密相关，在碳素循环中占有重要的地位，被广泛用于土壤微生物多样性的研究。生态系统中，不同植被类型能够导致分解有机质的微生物功能基因多样性和群落结构产生差异。本项目选取荒漠生态系统中西夏王陵遗址附近荒漠草原作为研究对象，在测定不同土壤样品理化性质的基础上，比较研究具有不同植被类型的荒漠土壤的漆酶基因多样性与微生物群落结构特征，以期为全面深入研究荒漠生态系统植物向土壤归还有机质的碳循环过程以及相应的微生物驱动机制提供基础数据，为荒漠化草原的土壤修复提供理论指导。

赵红雪

1972年2月出生。硕士，生命科学学院教授，主要从事动物学、水产养殖学专业的教学和科研工作。国家自然科学基金2015年地区基金获得者。

项目名称　（项目编号：31560186）

利用大型溞控制微囊藻水华的生物学机理研究

项目简介

微囊藻是最为常见也是研究最多的水华蓝藻之一，利用浮游动物摄食蓝藻水华是生物操纵控制藻类水华的基础，大型浮游动物大型溞对微囊藻摄食和种群建立是浮游动物控藻的核心。本项目以采自宁夏主要湖泊的大型溞为对象，开展大型溞对微囊藻耐受性研究；采用小型装置模拟，研究大型溞与微囊藻相互作用的生态关系；针对大型溞优势种群建立，研究大型溞种群衰败原因及其与小型浮游动物种间竞争关系，探讨大型溞控制微囊藻水华的生物学机理。通过找到克服大型溞种群衰败因素困扰的方法，建立优势的大型溞种群，对增强水体浮游动物滤食并控制蓝藻水华有重要意义。

田　佳

1982 年 5 月出生。农学院副教授，主要从事水土保持与荒漠化防治的教学和科研工作。国家自然科学基金 2015 年地区基金获得者。

项目名称　（项目编号：31560232）

贺兰山水土保持功能乔木根系锚固土壤作用与数值模拟研究

项目简介

本研究选取青海云杉、油松和山杨 3 种贺兰山最重要的固土、护坡乔木根系作为研究对象，将试验研究与数值模拟相结合，从而更深入地了解和分析乔木根系与土壤之间相互作用的力学机制和过程；尝试将构建的根—土相互作用有限元数值模型应用到贺兰山造林边坡稳定性分析中，利用强度折减法计算不同类型边坡在极端条件下的安全系数 (Fs)，并引入相对安全系数 (RFs) 量化不同林木根系对边坡的锚固作用。本项目的实施对于解释林木根系锚固土壤作用的本质、推进根—土相互作用的数值模拟研究、防治贺兰山浅层滑坡灾害及水土流失具有重要意义。

丁凤琴

1969 年 6 月出生。博士，教育学院教授，硕士生导师，主要从事人格与认知发展、民族认知的跨文化差异等领域的教学和科研工作。国家自然科学基金 2015 年地区基金获得者。

项目名称　（项目编号：31560285）

回族双文化群体慈善捐助群际归因的文化动态转换及其神经机制

项目简介

近年来，研究者从文化动态通达性和多元文化适应性视角研究双文化群体行为归因的文化动态转换，但缺乏双文化群体群际归因的文化框架转换及其神经机制和我国本土化研究的验证。本研究以我国回族双文化群体为被试，探讨回族双文化群体慈善捐助外显与内隐群际归因；考察回族双文化群体慈善捐助群际归因的文化框架转换效应；揭示回族双文化群体慈善捐助群际归因的文化威胁动态效应；阐明干预后回族双文化群体慈善捐助群际归因的动态改变，并在神经基础上做出相应印证。研究将扩展行为归因多元文化动态建构理论及其神经基础，为行为归因的文化差异在中国少数民族双文化群体中的适用性和本土化奠定基础，也为加强少数民族文化与主流文化的动态融合提供理论指导和参考依据。

罗成科

1979 年 9 月出生。博士，环境工程研究院副研究员，主要从事植物抗逆分子生物学方面的科研工作。国家自然科学基金 2015 年地区基金获得者。

项目名称 （项目编号：31560297）

OsDSR2 在水稻响应干旱和盐胁迫中的调控机制

项目简介

DUF966 家族是一类未知功能的基因家族，芯片数据分析显示该家族基因受非生物胁迫的抑制表达，可能为一类胁迫抑制表达基因。我们前期的研究结果表明，该家族基因 OsDSR2 受干旱和高盐的抑制表达，OsDSR2 的超表达转基因植株增加水稻对干旱和高盐的敏感性，暗示 OsDSR2 可能负调控水稻的抗旱耐盐性。本项目拟利用转基因技术、RNA-seq、定量 PCR、酵母双杂、pull down 以及 BiFC 技术，解析 OsDSR2 基因及其启动子的功能，探究该基因参与的 ABA 信号途径，寻找并鉴定受 OsDSR2 调控的靶基因以及与 OsDSR2 互作的靶蛋白，确定 OsDSR2 及 ABA 在调控水稻抗逆性中的作用关系，比较全面地阐明 OsDSR2 调控水稻抗旱耐盐性的具体分子机制。

邓光存

1974 年 5 月出生。博士，生命科学学院教授，硕士生导师，主要从事重大动物传染病病原分子生物学和致病机制方面的研究工作。国家自然科学基金 2010 年、2015 年地区基金获得者。

项目名称 （项目编号：31560322）

结核分枝杆菌感染巨噬细胞后细胞凋亡 / 坏死相关 LncRNA 分子的筛选及其调控机制研究

项目简介

LncRNA 在多种疾病的发生发展过程中发挥了重要的调控作用，但是其在结核分枝杆菌与巨噬细胞的相互作用过程中对细胞凋亡与坏死的调控作用尚未见相关报道。本项目拟采用 LncPath™ 疾病 / 信号通路特异性 LncRNA 芯片筛选结核分枝杆菌感染巨噬细胞后与宿主细胞凋亡 / 坏死信号通路相关的 LncRNA 分子，通过构建其过表达载体和干扰载体并转染 RAW264.7 细胞后并用结核分枝杆菌感染，进而用 caspase 抑制剂和 RNAi 技术分别抑制和沉默凋亡与坏死通路相关基因，阐明 LncRNA 对巨噬细胞凋亡和坏死的调控作用及其分子机制。研究结果将为深入理解结核病的发病机制及靶向药物研制提供依据。

贾 彪

1979 年 8 月出生。农学院副教授，硕士生导师，主要从事专业农业信息技术、精准农业与节水灌溉技术的教学和科研工作。国家自然科学基金 2015 年地区基金获得者。

项目名称 （项目编号：31560339）

基于机器视觉的膜下滴灌青贮玉米长势监测与营养诊断体系构建

项目简介

基于计算机视觉技术的作物长势监测与诊断是近年来农业信息技术研究的主要方向与发展趋势。本研究采用数码相机或 CCD 数字摄像头对膜下滴灌青贮玉米进行实时跟踪监测，通过数字图像分割技术对青贮玉米群体冠层图像进行分析处理，筛选青贮玉米长势监测与 N 素营养诊断反应敏感的特征颜色参数，主要目的旨在构建不同特征颜色参数与青贮玉米农学属性间的关系模型，并通过 3 个高产田独立试验对模型进行检验，力图搭建基于计算机视觉技术的青贮玉米长势监测与 N 素营养诊断远程服务平台，实现对宁夏引黄、扬黄灌区青贮玉米生长信息和氮素营养状况进行快速准确的监测与诊断。

纳小凡

1983 年 4 月生。生命科学学院副教授，主要从事植物生理及植物与微生物互作的教学和科研工作。国家自然科学基金 2015 年地区基金获得者。

项目名称 （项目编号：31560345）

自毒作用在枸杞连作障碍中的作用及机制研究

项目简介

前期研究发现，重茬土水浸液能够显著抑制枸杞幼苗初生根的生长，且土壤灭菌不能消除重茬土的抑制效应，表明自毒作用可能是枸杞连作障碍的主要因素。为研究连作对枸杞生长的影响及自毒作用机制，本项目拟先采用大田和实验室盆栽相结合的研究手段，观察连作对枸杞生长的影响，分析枸杞连作障碍的作用。在此基础上，通过模拟雨水淋溶，利用树脂萃取、GC-MS 鉴定枸杞可能的化感物质，进一步结合生理生化及分子生物学等方法，研究化感物质对枸杞幼苗生长、根系离子吸收、光合作用及根际微生物群落结构的影响。本项目旨在建立枸杞连作障碍的评价体系，揭示自毒作用在枸杞连作障碍中的作用机制，为改进枸杞耕作制度、克服连作影响及新品种选育提供理论基础。

刘吉利

1982 年 10 月出生。博士，环境工程研究院副研究员，主要从事生物质工程领域的教学和科研工作。国家自然科学基金 2012 年青年基金、2015 年地区基金获得者。

项目名称 （项目编号：31560361）

西北地区盐碱地柳枝稷生物质形成规律与水肥调控效应研究

项目简介

柳枝稷作为一种理想的能源作物已被引入我国，并在生态适应性评价、产量品质和耐盐生理等方面开展了相关研究，但盐碱地条件下柳枝稷生物质生产与水肥调控方面的研究较少。因此，本项目采用田间定位试验、盆栽试验与数学模型分析相结合的研究方法，从西北干旱半干旱区盐碱地柳枝稷的生物质形成过程及其产量限制因子出发，研究不同生态型柳枝稷在盐碱地种植的生物质形成规律，并研究水肥调控对盐碱土水肥盐运移、柳枝稷生物质产量形成、光合生理和水肥利用特性的影响，探明西北地区盐碱地柳枝稷生产能力及其调控机理，建立适合当地的作物—水—肥—盐管理模式，为盐碱地柳枝稷规模化种植提供理论依据与技术支撑。

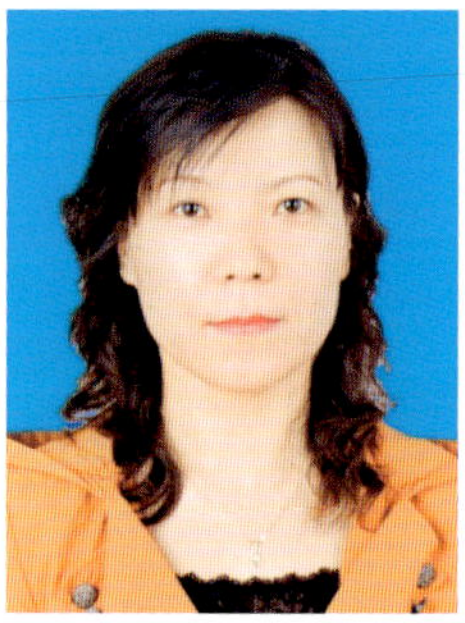

郑　蕊

1972 年 12 月出生。博士，生命科学学院副教授，硕士生导师，主要从事植物基因工程与分子生物学方面的教学和科研工作。国家自然科学基金 2015 年地区基金获得者。

项目名称 （项目编号：31560418）

枸杞 14-3-3 蛋白在花药发育中的功能及其参与 BR 信号调控网络解析

项目简介

本项目在前期枸杞花药差异蛋白质组研究中，发现了一个差异表达 14-3-3 蛋白，并已克隆了一个 14-3-3a 基因。在此基础上，本研究拟再分离 3 ~ 4 个枸杞花药 14-3-3 基因并进行深入研究，主要包括：基因的时空表达特征分析，通过构建枸杞花药酵母双杂交 cDNA 文库，筛选枸杞 14-3-3 蛋白的互作蛋白；通过基因过量表达或 RNA 干涉获得转基因枸杞植株，进而通过表型鉴定和细胞学分析等手段了解 14-3-3 蛋白的生物学功能；并进一步利用转录组技术，比较转基因植株与非转化植株在花药发育过程中的基因表达的差异，分析 BR 对枸杞花药发育的影响，揭示 14-3-3 蛋白在枸杞花药发育 BR 激素信号应答过程中的调控机制及网络，为枸杞品质的遗传改良提供理论依据。

刘敦华

1964年12月出生。农学院教授，硕士生导师，主要从事食品科学、食品质量安全等专业的教学和科研工作。国家自然科学基金2015年地区基金获得者。

项目名称 （项目编号：31560436）

枸杞果实成熟期与不同干制过程中多糖累积差异机理研究

项目简介

在成熟、干制过程中枸杞多糖究竟是怎样形成的，其形成机制及变化规律是什么？本项目拟在枸杞成熟过程中及不同干制模式下，以不同成熟期、不同干制模式下的含水量建立不同的样本集，分析各样品多糖组成差异，建立多糖组成不同的样品子集；同时，对照建立分析差异蛋白质组学，建立不同样本的差异蛋白质组数据库。通过对差异蛋白进行功能性分析，明确这两个子集中每一个多糖单体组分与蛋白质组分之间的关系与表达，建立相关性分析模型。根据所确定的与枸杞多糖变化相关的关键功能蛋白（酶），进一步通过Western blotting进行检验分析，阐明枸杞成熟、干燥过程的关键功能蛋白（酶）对枸杞多糖的累积差异功效与机理。

方海田

1978年1月出生。博士，农学院副教授，硕士生导师，主要从事食品科学与工程专业的教学和科研工作。国家自然科学基金2015年地区基金获得者。

项目名称 （项目编号：31560445）

解淀粉芽孢杆菌BG-09中胞苷的分泌模式及其分子调控机理研究

项目简介

本项目运用胞苷代谢理论与代谢工程的方法，主要研究解淀粉芽孢杆菌BG-09中胞苷的分泌模式及其分子调控机理。拟采用基因编辑技术、流量组学和代谢组学技术，重点研究膜运输蛋白、细胞膜合成关键酶与环境因素等调节因子在胞苷分泌过程中的作用，分析调节因子对细胞生长、代谢通量与胞苷合成的影响，提出胞苷分泌的假定模式，诠释胞苷的分泌方式及调控代谢稳态的分子途径，阐明菌株内调节因子间的相互关系及其对胞苷分泌的协同作用机理，揭示胞苷分泌过程的分子调控机理，为从分子水平上优化解淀粉芽孢杆菌的胞苷最大生产能力提供理论依据。

何建国

1960 年 2 月出生。教授，博士生导师，国家级“中青年有突出贡献专家”，国家“百千万人才工程”第三层次人选，国家科学技术奖励评审专家，享受国务院政府特殊津贴。长期从事农业工程自动化装备、农产品无损检测、食品加工自动化装备等的教学与研究工作。国家自然科学基金 2010 年、2015 年地区基金获得者。

项目名称 （项目编号：31560481）

灵武长枣采后光谱特征变化的生物光学机理研究

项目简介

本项目拟选取灵武长枣关键性的内部品质成分（如葡萄糖、苹果酸、维生素 C）为研究对象，采用高光谱成像技术，采集长枣的图谱信息并提取特征波长，建立灵武长枣关键成分的预测模型；同时，采用激光诱导荧光高光谱成像技术，将激光照射到长枣样品后采集诱导出的荧光散射图像，在波长 400 ~ 700 nm 范围内选取感兴趣荧光区域的荧光特征峰，计算特征荧光峰对应电子跃迁能极差。结合红外光谱特征吸收峰与分子结构谱图、量子力学和量子化学理论，从分子振动和电子能量跃迁的层面建立对应关系，完善灵武长枣采后关键性内部成分的荧光高光谱特征变化的理论解释，从而揭示其背后的生物光学机理，为灵武长枣采后贮藏过程中的品质调控提供理论参考。

单守明

1975 年 5 月出生。农学院副教授，硕士生导师，主要从事葡萄抗逆栽培生理的教学和科研工作。国家自然科学基金 2013 年、2015 年地区基金获得者。

项目名称 （项目编号：31560539）

库源关系对贺兰山东麓“欧亚”和“欧山”种酿酒葡萄花色苷积累的影响机理研究

项目简介

采收时期酿酒葡萄果实中花色苷的构成和含量是影响葡萄酒颜色、质量和风格的重要因素。在实际生产中，库源比例调节不当常造成酿酒葡萄果实品质下降，花色苷积累减少，也严重影响了葡萄酒的品质。本研究以“欧亚”“欧山”种酿酒葡萄为试材，利用高效液相色谱—质谱技术、酶学技术和分子生物学技术，研究库源关系变化对酿酒葡萄果实不同组织中内源植物激素含量、糖代谢和花色苷构成、花色苷合成关键酶基因表达的影响，分析库源关系的变化对酿酒葡萄果实花色苷积累的影响机理，为提高酿酒葡萄和葡萄酒的品质提供理论依据，从而降低生产成本，提高经济效益，促进宁夏乃至西北地区酿酒葡萄产业的可持续发展。

徐伟荣

1978 年 8 月出生。农学院副教授，硕士生导师，主要从事中国野生葡萄特异种质资源抗逆基因的挖掘利用、功能解析、标记辅助选择的教学和科研工作。国家自然科学基金 2015 年地区基金获得者。

项目名称 （项目编号：31560550）

山葡萄特异 CBL-CIPK 互作子介导的低温胁迫应答机理研究

项目简介

类钙调磷酸酶 B 亚基蛋白（CBLs）作为近年来新发现的一类植物 Ca^{2+} 传感器蛋白，能与其互作的激酶 CIPKs 选择性特异结合，在调控植物响应非生物胁迫信号转导中发挥重要作用。本项目在前期对高抗寒山葡萄转录组测序获得 CIPKs 基因克隆、表达特性鉴定的基础上，拟挖掘参与低温胁迫的 CBL-CIPK 特异组合，明确其参与低温胁迫的功能特性，构建重要候选 CIPK 过量与 RNAi 表达载体，研究其在欧洲葡萄中过表达 / 被抑制与抗寒性的关系；结合 cDNA-AFLP、CoIP 与组学分析，初步构建特异 CBL-CIPK 调控的低温胁迫应答网络。项目有助于深层次理解山葡萄 CBL/CIPK 信号转导系统在抗寒代谢中的作用，对于通过分子育种解决制约宁夏葡萄产业存在的冷（冻）害问题具有现实意义。

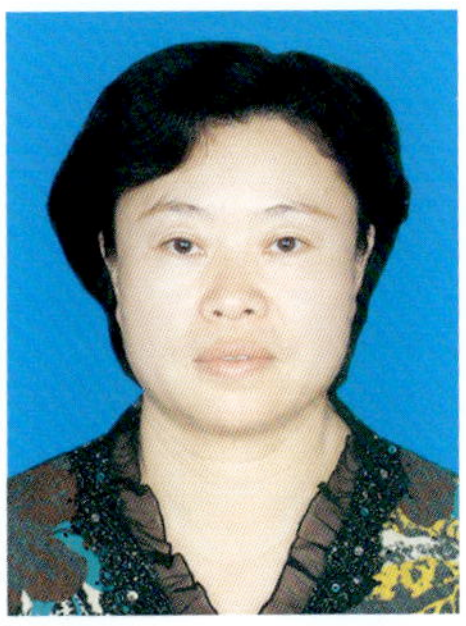

高艳明

1963 年 12 月出生。农学院教授，硕士生导师，长期从事蔬菜栽培、设施园艺、无土栽培的教学和科研工作。国家自然科学基金 2015 年地区基金获得者。

项目名称 （项目编号：31560569）

微咸水灌溉方式对番茄果实糖积累及蔗糖代谢影响机理

项目简介

针对西北淡水资源匮乏，地下微咸水资源丰富而利用率低的问题，以番茄为材料，微咸水直灌为对照，净化水灌溉、微咸水与净化水（1 ∶ 1）混灌、微咸水与净化水按次和生育期轮灌为处理，通过 4 年的田间定位试验：（1）利用 ^{14}C 标记光合产物在番茄叶片和果实内的合成与运输分配特性；利用 HPLC 分析各处理不同发育期番茄果实干物质累积、糖分组成及含量；（2）利用转录组测序分析各处理番茄果实中与糖积累和蔗糖代谢相关的差异表达基因，探索其时空表达规律与番茄果实糖积累和代谢的关系；（3）分析微咸水介入下的土壤、叶片和果实内的矿质元素和离子含量，探究其与番茄果实糖积累、蔗糖代谢的关联；通过连年数据揭示微咸水灌溉方式对糖累积和蔗糖代谢影响的连年效果。

张大治

1970 年 2 月出生。生命科学学院教授，硕士生导师，主要从事动物学专业方面的教学和科研工作。国家自然科学基金 2015 年地区基金获得者。

项目名称 （项目编号：31560611）

沙生植物害虫—天敌对荒漠景观破碎化的响应及尺度效应研究

项目简介

本项目以宁夏中部自然半自然的荒漠生态系统为试验区，以沙生植物害虫及其寄生性天敌为研究对象，研究生境破碎化对沙生植物害虫—寄生性天敌种群动态、种群生存力的影响；在小尺度不同生境界面斑块下研究沙生植物—害虫—天敌营养关系、天敌最小生存面积、取样尺度对沙生植物害虫—天敌的影响，揭示其对景观尺度、生境因子的生态响应机制；通过小尺度空间格局实验所获得的信息与景观格局、过程相联系，进行大尺度推绎，探讨沙生植物—害虫—寄生性天敌互作的时空耦合变异，阐明其对生境破碎化的响应机制及互作协同控制害虫的行为机制，为在不同尺度下进行荒漠沙生植被的恢复与重建，进行病虫害早期预测和预报，有效控制沙生植物害虫大发生提供新的途径。

周玉香

1967 年 10 月生。农学院教授，博士生导师，主要从事反刍动物营养（羊）与饲料科学方面的教学和科研工作。国家自然科学基金 2011 年、2015 年地区基金获得者。

项目名称 （项目编号：31560643）

舍饲滩羊体脂共轭亚油酸合成调控及其机制研究

项目简介

共轭亚油酸因其具有抗癌、降低脂肪沉积和增加肌肉含量等功能，已成为当前动物营养研究领域的热点问题之一。本项目选择富含多不饱和脂肪酸——亚油酸和亚麻酸的豆油和亚麻油，采用体外批次培养试验技术，研究其在滩羊日粮中适宜添加量。同时，采用消化代谢试验、饲养试验、屠宰试验以及实时定量（Real-time）PCR 等技术，依据 CLA 的合成途径及影响因素，通过对舍饲滩羊日粮营养进行调控，探讨日粮不饱和脂肪酸、日粮纤维水平以及日粮铜水平对滩羊体脂 CLA 合成和肉质品质调控作用的影响。通过本项目的研究，揭示不同日粮营养水平对舍饲滩羊脂肪沉积和肉质品质的调控作用，为生产实践中滩羊肉质品质调控提供理论依据。

李　武

1979 年 8 月出生。博士，生命科学学院副教授，主要从事分子微生物学与免疫学的教学和科研工作。国家自然科学基金 2015 年地区基金获得者。

项目名称　（项目编号：31560678）

结核分枝杆菌 CFP10 和 ESAT6 蛋白在巨噬细胞抗结核分枝杆菌感染中的调控作用及分子机制研究

项目简介

肺泡巨噬细胞作为结核分枝杆菌感染的靶细胞在抗结核免疫中发挥重要作用。研究证实，结核分枝杆菌蛋白 CFP10 和 ESAT6 对巨噬细胞具有调控作用。因此，本研究拟以小鼠肺泡巨噬细胞系 RAW264.7 为研究对象，通过实时荧光定量 PCR、蛋白免疫印迹、流式细胞术和激光共聚焦技术等手段研究结核分枝杆菌 CFP10、ESAT6 蛋白及 CFP10-ESAT6 融合蛋白刺激巨噬细胞后对巨噬吞噬能力、巨噬细胞炎性反应以及巨噬细胞凋亡等的调控作用，分析其调控机理，探讨它们在结核分枝杆菌致病过程中的地位和所起的作用，从而加深对结核分枝杆菌致病机理及机体抗结核免疫机制的了解，为研制结核病治疗药物和新型疫苗提供新的靶点。

许立华

1972 年 11 月出生。农学院教授，硕士生导师，主要从事动物传染病学的教学和科研工作。国家自然科学基金 2015 年地区基金获得者。

项目名称　（项目编号：31560687）

牛源牛分枝杆菌的 MIRU-VNTR 法分型鉴定及其对主要免疫细胞的功能影响研究

项目简介

本研究采用分子生物学鉴定技术对牛结核病开展流行病学及分子流行病学研究，应用基因分型方法多位点结合一数目可变重复片段多态性分析（MIRU-VNTR）对牛结核病原菌进行分型鉴定，分析牛结核病病原的相关性及分子病原学特性。同时，分别以结核病牛及 PPD 阳性牛的单核细胞牛巨噬细胞、小鼠单核细胞系 ANA-1 及小鼠的树突状细胞系 DCs 作为细胞模型，采用已鉴定的牛分枝杆菌分离株及参考菌株进行感染试验。了解不同毒力牛结核杆菌抗感下，上述细胞的凋亡特点、相关细胞因子的产生及作用规律、抗结核感染的一些重要指标的变化规律等，为研究主要免疫细胞的抗结核杆菌感染机制提供新视野，为开展有效的牛结核病预防及免疫策略提供技术支持。

李　勇

1977年3月出生。生命科学学院教授，硕士生导师，主要从事生物学专业的教学和科研工作。国家自然科学基金2012年、2015年地区基金获得者。

项目名称　（项目编号：31560694）

Shh/NF-κB/p53信号通路在肺泡Ⅱ型上皮细胞抗结核分枝杆菌免疫应答中的调控作用

项目简介

研究表明，传统的Shh、p53和NF-κB信号通路间存在多层次cross-talk关系，并以此来参与调控机体的先天免疫应答与炎症反应来对抗病原菌的感染。本项目拟在Mtb感染动物模型肺脏转录组测序、AECⅡ-ROCK抑制剂培养和Wnt信号调控等研究基础上，以Mtb与AECⅡ作为模型，结合Shh和p53 KO小鼠模型，分析AECⅡ中Shh/NF-κB、p53/NF-κB和Shh/NF-κB/p53信号通路在抗Mtb先天免疫反应中的cross-talk作用模式，揭示Shh、NF-κB与p53信号通路在AECⅡ与机体抗Mtb免疫应答中的调控作用，从而阐明Mtb与AECⅡ的病原—宿主相互作用机理，为深入研究机体抗Mtb感染的免疫调控机制奠定一定的理论基础。

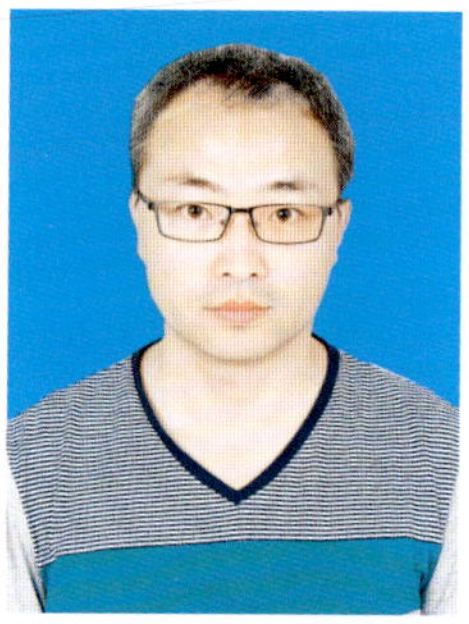

余永涛

1980年12月出生。博士，农学院副教授，硕士生导师，主要从事临床兽医学专业的教学和科研工作。国家自然科学基金2012年、2015年地区基金获得者。

项目名称　（项目编号：31560713）

microRNA在疯草内生真菌苦马豆素合成中的分子调控机制研究

项目简介

microRNA在真菌转录后基因表达调控中发挥着重要作用，它可降解与之互补的靶mRNA，抑制蛋白质编码基因表达。本项目拟构建内生真菌microRNA文库，对其进行高通量测序，并对microRNA及其靶mRNA进行功能解析和靶位点预测；构建microRNA表达载体，将microRNA转化内生真菌，比较转化子SW产量、microRNA和靶mRNA表达水平的变化，筛选出参与SW合成调控的microRNA，并确定其功能；探讨SW合成相关调控网络，阐释疯草内生真菌SW合成中的分子调控机制。研究成果将为进一步应用基因沉默技术阻断SW生成，控制内生真菌途径防除动物疯草中毒病提供依据。

邱小琮

1971年7月出生。生命科学学院教授，硕士生导师，主要从事水生态与水环境保护专业的教学和科研工作。国家自然科学基金2015年地区基金获得者。

项目名称 （项目编号：31560723）

小三毛金藻生长特性与毒素累积代谢动力学研究

项目简介

小三毛金藻在北方盐碱水域极易繁殖，分泌毒素，造成养殖鱼类大量死亡，成为目前宁夏渔业最主要的危害之一。生产中常用的小三毛金藻防治方法不能从根本上防治小三毛金藻毒害，因此开展小三毛金藻生长特性及毒素积累代谢的研究，对进一步研究小三毛金藻的防治方法，降低小三毛金藻的危害具有重要的科学价值和现实意义。本研究拟采用均匀设计和单因素浓度梯度的试验方法，通过构建生长动力学模型与毒素积累代谢动力学模型，开展小三毛金藻的生长及毒素积累代谢过程和特征研究，旨在掌握小三毛金藻的生长以及毒素的代谢规律，为小三毛金藻生长抑制因子及防治方法的研究提供基础数据和理论依据。

李鸣骥

1972年11月出生。博士，西部发展研究中心副教授，主要从事城市与区域发展方面的教学和科研工作。国家自然科学基金2015年地区基金获得者。

项目名称 （项目编号：41561037）

宁夏回族聚居型城镇空间增长模式及其机理研究

项目简介

本研究综合运用田野调查和地理空间分析与GIS等研究方法，开展回族亚文化系统影响下的宁夏回族聚居城镇空间增长过程分析，探讨不同空间尺度和不同城镇化进程中的回族聚居城镇规模、结构、形态等景观指数空间增长特征，建立回族亚文化系统与城镇空间增长耦合发展的分析框架和空间模型，探析回族聚居城镇空间增长的基本作用机理，提炼宁夏回族聚居城镇空间结构演化一般模式，评价亚文化系统对回族聚居城镇空间增长的作用，归纳总结回族聚居城镇空间增长的优化路径。本项目对深入研究宁夏特色的回族聚居城镇空间增长范式，制定与指导宁夏回族聚居城镇空间发展政策和特色城镇建设道路选择具有重要的理论意义与实践价值。

余海龙

1979 年 4 月出生。资源环境学院教授，硕士生导师，主要从事土壤地理及节水灌溉方面的教学和科研工作。国家自然科学基金 2012 年、2015 年地区基金获得者。

项目名称　（项目编号：41561060）

干湿交替灌溉模式下灌淤土裂隙特征及其对优先流的影响

项目简介

如何动态描述土壤裂隙的几何形态是研究土壤裂隙特征和优先流的关键。本项目以宁夏河套平原引黄灌区灌淤土为研究对象，通过野外原位监测裂隙动态变化与土壤水分 / 水势揭示两者的耦合关系；采用田间拍照和 X 射线 CT 扫描成像技术分别分析土壤裂隙的二维和三维空间特征；通过室内土柱模拟实验阐明干湿交替强度和次数对裂隙产生驱动机制及其影响因素；并通过田间染色示踪、圆盘入渗和溶质穿透曲线相结合定量评价裂隙变化对优先流的贡献及水分利用效率的影响，为提高灌区水肥利用效率、提出防止和减缓裂隙产生的措施、降低地下水污染、制定合理农田灌溉技术参数、确定适宜的灌溉次数和强度，以及发展节水农业提供理论依据和实践指导。

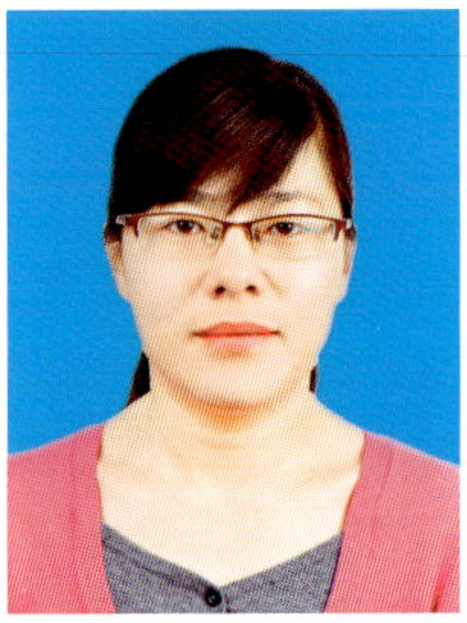

张俊华

1977 年 7 月出生。环境工程研究院副研究员，主要从事精准农业和土壤质量提升方面的科研工作。国家自然科学基金 2015 年地区基金获得者。

项目名称　（项目编号：41561078）

基于光谱信息的龟裂碱土盐渍化程度预测研究

项目简介

本项目选择宁夏北部地区龟裂碱土作为研究对象，运用土壤学、地统计学及遥感科学方法，以土壤实测光谱数据、遥感影像数据和室内盐渍化指标测定数据为基本信息源，研究不同表观龟裂碱土光谱特征及其影响因素，从龟裂碱土实测光谱数据中选取与土壤盐渍化指标相关性最好的光谱变换方式和响应波段，构建龟裂碱土盐渍化信息预测模型；探索不同来源土壤遥感信息的尺度效应，分析土壤及其上覆植被实测光谱和遥感影像信息表达的耦合程度，揭示实测光谱与遥感影像的匹配关系，通过实测光谱来拟合遥感影像光谱，选用修正的遥感影像建立龟裂碱土盐渍化程度预测模型，为实现龟裂碱土及其同类地区盐碱地信息大面积、实时、准确预测提供科学依据。

汪西原

1964年10月出生。物理与电子电气工程学院教授，硕士生导师，主要从事信息与通信工程的教学和科研工作。国家自然科学基金2015年地区基金获得者。

项目名称 （项目编号：41561087）

多源遥感影像的分层特征信息提取与宁夏生态环境地物目标分类识别

项目简介

本项目旨在面向宁夏地区沙化演变、土地利用、森林植被和作物长势等信息提取和地物目标识别的需求，依据遥感、统计、信息、图像工程领域的理论和方法，研究多尺度遥感图像融合、分类，分层次特征表示、提取，深化基于全局和局部特征的图像分析与理解，建立具有更高精度和应用效果的多源遥感信息提取、目标识别方法与模型算法；在多、复杂目标提取和识别上，针对各种不同类型目标缺少总体技术模型指导，基于多源遥感数据、提升高层次知识利用程度、挖掘大尺度影像中潜在目标搜索能力以及目标的确认与高层匹配计算能力，并就此提出高分辨率遥感信息提取与目标识别技术框架。

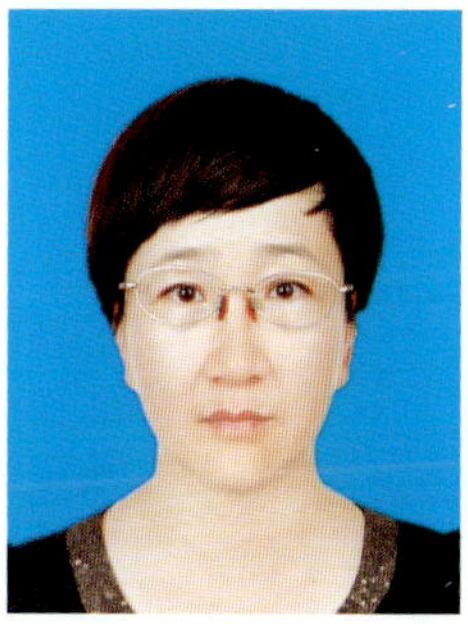

钟艳霞

1973年9月出生。博士，资源环境学院教授，硕士生导师，主要从事自然地理专业教学和区域环境变化与管理领域科研工作。国家自然科学基金2007年、2011年、2015年地区基金获得者。

项目名称 （项目编号：41561106）

基于人类—湿地耦合的西部典型城区湖泊湿地生态服务价值评估及生态安全构建

项目简介

随着人类活动对自然生态系统影响的不断深入，人类对湖泊湿地健康持续发展产生作用的因素应引起高度重视。本项目以西部三个不同经济、社会发展程度和定位的城市湖泊湿地为研究点，充分考虑人类活动对城市湿地开发、保护、利用中的作用，构建人类—湿地耦合系统，利用GIS技术，结合实地湿地资源分析监测，开展西部典型城市湖泊湿地不同历史时期生态服务价值估算和生态健康评估，在长尺度、多指标分析的基础上建立西部典型城市湖泊湿地生态安全预警模型，开展城市湖泊湿地生态安全预警，提出西部地区城市湖泊湿地生态安全的保障措施，指导城市湖泊湿地建设管理。该项研究的深入开展为西部地区城市湖泊湿地健康持续发展提供了科学指导，为国家湿地资源科学化管理奠定了基础。

麻晓霞

1980 年 12 月出生。硕士，化学化工学院副教授，主要从事应用化学及化学工程专业方面的教学和科研工作。国家自然科学基金 2015 年地区基金获得者。

项目名称 （项目编号：51564043)

无机铜 / 蒙脱石纳米复合材料杀灭沙门氏菌的机理研究

项目简介

以鼠伤寒沙门氏菌 ATCC 14028 为试验菌，通过对 ICMN 与细菌间吸附能力及其吸附动力学研究，杀菌过程中 ICMN 晶体结构和表面特性的动态表征，ICMN 作用下细菌细胞壁结构与形态的跟踪观察，ICMN 作用下细菌疏水性、带电性、DNA 和 mRNA 含量、菌液胞内酶活性以及与细胞壁及其内容物所结合铜含量的测定，ICMN 影响细菌呼吸代谢的检测等系列试验，探讨 ICMN 杀灭沙门氏菌的机理。本项目旨在研制和开发新型无公害饲用抗菌剂，以部分甚至全部代替目前饲料用抗生素添加剂，避免因抗生素大量使用而导致畜禽产品药物残留、耐药菌产生等不良后果的发生，推动畜牧业持续、健康发展。

毛明杰

1972 年 8 月出生。博士，土木与水利工程学院副教授，硕士生导师，主要从事土木工程专业的教学和科研工作。国家自然科学基金 2015 年地区基金获得者。

项目名称 （项目编号：51568055)

寒旱区粉煤灰细骨料混凝土配合比设计方法及机理研究

项目简介

以细骨料的粉煤灰替代率作为指标，采用区组正交法试验，宏观力学实验结合微观性状检测，揭示细骨料的粉煤灰替代率对混凝土强度性能的影响规律，阐明粉煤灰作为细骨料对混凝土强度的作用机理。采用回归法及优化算法分析总结试验数据的数值规律，确立以细骨料的粉煤灰替代率为参数指标的混凝土配合比设计公式；通过对混凝土试样的强度及耐久性等材料性能进行测定，实验数据与理论模型预测结果比较，采用极值统计和 Monte Carlo 法解析粉煤灰细骨料混凝土的安全可靠度及离散性，为粉煤灰大掺量应用于宁夏寒旱、盐碱地区不同季节、不同安全等级及考虑混凝土强度随龄期变化条件下的实际工程应用、粉煤灰细骨料混凝土性能分析提供理论依据。

杨建森

1971年5月出生。土木与水利工程学院教授，硕士生导师，主要从事土木工程材料的教学和科研工作。国家自然科学基金2007年、2011年、2015年地区基金获得者。

项目名称 （项目编号：51568056）

基于外墙保温应用的泡沫石膏制备及嵌生稳泡机理研究

项目简介

如何在对建筑石膏的强度、耐水性和凝结性能进行有效改性的基础上，通过组成复合和水化产物的相嵌生使石膏的硬化体具有优化的泡沫孔结构，从而使石膏制品的导热系数大幅降低，达到高性能保温材料的要求，而且泡沫石膏铺贴的连续性和整体性能够降低热桥效应，可以部分或全部代替目前外墙保温系统采用的聚苯板等易燃、高碳的保温材料，这无疑是一项对墙体保温材料具有重大革新意义的研究项目。本项目基于组成复合和相态嵌生的原理，以建筑石膏为基材，通过筛选添加复合改性助剂和发泡组分，探索黏结牢固、耐水和保温性能优良的可用于外墙保温材料的泡沫石膏配制参数，揭示复合助剂改性泡沫石膏的水化作用和嵌生稳泡机理，为建筑节能制备低碳、环保、经济的石膏基外墙保温材料提供重要的理论基础和技术途径。

李王成

1974年3月出生。博士，土木与水利工程学院副教授，硕士生导师，主要从事农业工程领域的教学和科研工作。国家自然科学基金2015年地区基金获得者。

项目名称 （项目编号：51569022）

宁夏中部干旱带老压砂地枣树适应性生长对土壤水分响应关系研究

项目简介

主要研究：（1）筛选枯水年水平下老压砂地枣树维持生命特征的冠幅尺寸；（2）推算枯水年水平下维持老压砂地枣树生命特征的土壤水分下限；（3）探讨老压砂地枣树适应性生长对土壤水分响应关系。拟筛选出枯水年水平下老压砂地枣树维持生命特征的冠幅尺寸，确定不同冠幅尺寸下枣树耗水量，从枣树生长性状变化的角度阐明枣树生长适应土壤水分变化的机理，推算枯水年水平下维持老压砂地枣树生命特征的土壤水分下限及相应的全生育周期耗水量，为老压砂地改造枣树种植模式及生态环境治理提供理论与数据支持，这对宁夏中部干旱区压砂地的管理和生态环境的保护具有重要的现实意义。

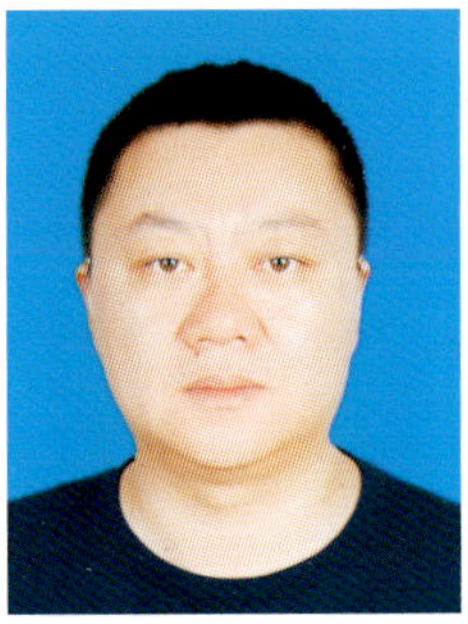

朱　磊

1980 年 4 月出生。土木与水利工程学院副教授，硕士生导师，主要从事多孔介质中水分运动和溶质运移数学模型研究。国家自然科学基金 2013 年、2015 年地区基金获得者。

项目名称　（项目编号：51569023）

农田干缩裂隙与土壤优先流

项目简介

已有结果表明农田土壤干缩裂隙在土壤优先流、溶质运移和环境污染物的迁移方面具有重要地位。本项目通过直接与间接的实验方法，采用拓扑学方法，研究农田土壤干缩裂隙的量化评价指标，揭示其形态结构及空间变化规律，并建立基于胡克定律的网络随机模型；考虑土壤裂隙作为土壤优先流通道的启动条件，研究土壤裂隙网络对土壤优先流的产生和影响；揭示土壤裂隙与土壤基质相互作用机理，将土壤裂隙随机网络水分模型与非稳态土壤水流模型耦合，建立基于土壤裂隙网络与连续介质的耦合模型。研究结果将提高对非饱和土壤水分运动以及溶质运移规律的认识，对于指导农业灌溉，提高农业用水效率有着重要的应用价值。

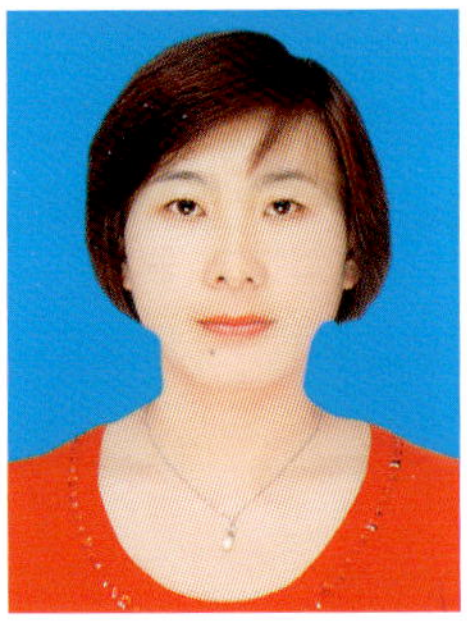

李金燕

1976 年 2 月出生。土木与水利工程学院副教授，硕士生导师，主要从事水利工程专业的教学和科研工作。国家自然科学基金 2015 年地区基金获得者。

项目名称　（项目编号：51569024）

基于生态优先的宁夏中南部干旱区域水资源配置模式构建

项目简介

面对宁夏中南部干旱区域生态环境十分脆弱的现实情况，及其北扬黄河水、南引泾河水、“扬、引、蓄并举”的多水源供水格局，在明确界定区域生态环境需水概念、类型以及相关理论体系研究的基础上，建立具有区域特点的生态环境需水量综合及分项估算模型，能够较为准确、系统地估算区域生态环境需水量；进而结合区域水资源及用水特点，研究生态优先的水资源合理配置理论依据与体系，并根据生态目标、经济目标、社会目标，构建生态优先的多目标水资源合理配置模型，实现生态优先的水资源合理配置模式，最后对多种水源的配置效果进行评价研究，充分实现区域社会、经济和生态环境协调发展。

孙学宏

1974年6月出生。博士，信息工程学院副教授，硕士生导师，主要从事电子科学与技术、信息与通信工程相关学科的教学和科研工作。国家自然科学基金2015年地区基金获得者。

项目名称 （项目编号：61561039）

多模态轨道角动量在极化分集认知无线电网络中的应用机理研究

项目简介

本项目针对认知无线电网络中因射频功放功耗过大、频谱利用率低而导致通信节点失效加大认知网络频谱感知不确定性的问题，提出了利用多模态轨道角动量与极化状态联合调制方法，可使射频器件功放高效地工作在最佳区域的思想。项目围绕如何利用多模态轨道角动量调制与极化分集实现通信节点节能、节约带宽展开。首先研究多天线极化调制最佳星座映射的方法，并针对不同的极化调制探索极化状态受散射空域、极化模式扩散，极化相关损耗等因素的功率损耗函数和均衡算法；其次，研究多模态轨道角动量与极化联合调制的参数去极化效应、模态检测算法。项目还提出了结合认知无线电资源配置和智能优化决策的优势，研究基于可变模态、极化的自适应资源联合调度方案和效率寻优策略。

王怀柱

1978年1月出生。数学统计学院副教授，主要从事计算机软件与理论专业、智能控制领域的教学和科研工作。国家自然科学基金2015年地区基金获得者。

项目名称 （项目编号：61562069）

大数据环境下数据的存储安全技术研究

项目简介

在数据安全保护方面，针对多源异构的数据安全存储问题，研究基于公钥加密的数据存储方法，提高检索效率，减少计算复杂度，解决多源异构密文检索的难题。针对大规模数据，研究基于全同态加密的数据存储算法，解决加密后数据难以搜索的问题，并通过采用整数和多项式方法简化全同态加密算法复杂度，提高算法效率。在数据多级安全方面，研究数据的多级安全存储模型和方法，实现不同安全级别数据间的安全隔离；并通过分析系统处理过程中的信息流，制定信息流安全策略，保证数据处理过程中信息的安全交互。本项目的研究在保证多源异构数据存储安全的同时，将提高数据检索的效率，实现不同安全级别数据间的安全交互，为云计算技术发展提供安全支撑。

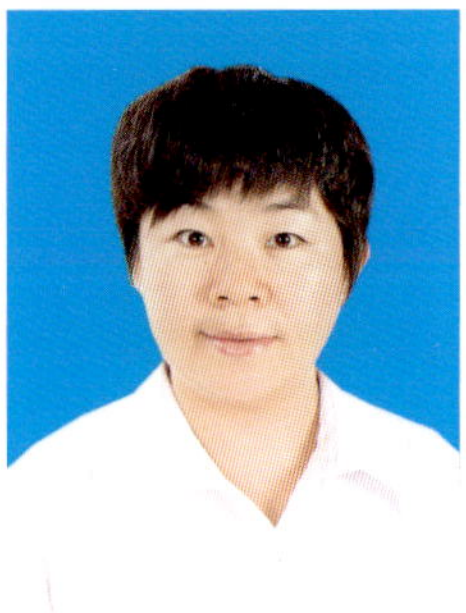

马婧瑛

1980 年 9 月出生。数学统计学院副教授，主要从事控制理论与控制应用专业的教学和科研工作。国家自然科学基金 2015 年地区基金获得者。

项目名称 （项目编号：61563043）

多智能体系统的性能优化问题与博弈行为研究

项目简介

本项目拟从以下几个方面研究：（1）研究解决异质和通信受限这两类多智能体系统的线性二次型最优控制问题；（2）研究领航者—跟随者多智能体系统的博弈行为，利用微分对策论得出领航者间合作博弈达到帕累托最优的充分条件，利用矩阵理论、非合作博弈论研究领航者间非合作博弈达到纳什均的充分必要条件；（3）研究通信拓扑具有“网络的网络”特性的多智能体系统，分析系统的群集行为，解决系统的快速一致性问题，解决系统的线性二次型最优控制问题，得到子网络间的非合作博弈达到纳什均衡的充分必要条件；（4）研究博弈行为与智能体状态相关的多智能体系统，结合非光滑分析、离散事件系统理论、演化博弈论分析系统的群集行为，探究系统通信拓扑结构的演化与形成和领航者的涌现。

郭中华

1973 年 11 月出生。博士，物理与电子电气工程学院教授，硕士生导师，主要从事电路与系统专业的信息与信号处理、高光谱图像技术等领域的教学和科研工作。国家自然科学基金 2015 年地区基金获得者。

项目名称 （项目编号：61565014）

冷鲜羊肉表面微生物活细胞的透—反射高光谱特性机理与检测方法研究

项目简介

本项目以冷鲜羊肉为研究对象，对基于透—反射高光谱图像技术的冷鲜羊肉表面 ATP 与微生物活细胞的光谱特性机理和检测方法进行研究。首先，研究检测系统多种参数对高光谱成像系统的影响规律，明确冷鲜羊肉的几何特征、组织结构特征和物理特征与检测系统间的响应机制，探讨微生物活细胞的高光谱图谱特性机理；其次，研究冷鲜羊肉透—反射高光谱数据的降维方法，并确定合适的特征提取方法和表达参数；最后，研究透—反射高光谱图像的耦合机理，采用信息融合方法建立冷鲜羊肉表面微生物活细胞数量检测的预测模型，通过大量样品反复试验提高模型的适应性、精确性和鲁棒性，形成基于高光谱的冷鲜羊肉表面微生物活细胞快速检测的新方法。

李国龙

1979 年 4 月出生。博士（后），宁夏光伏材料重点实验室副教授，硕士生导师，主要从事光伏材料与光电器件领域的教学和科研工作。国家自然科学基金 2015 年地区基金获得者。

项目名称 （项目编号：61565015)

石墨烯透明电极光电性能调控机理研究

项目简介

本项目以新型石墨烯透明电极材料在聚合物太阳能电池中的应用为背景，拟开展石墨烯透明电极光电性能调控机理的研究：考察一系列石墨烯薄膜参数对电极的光谱透过率、电导率以及太阳能电池光电性能的影响，研究石墨烯可控性生长规律，通过采用同步辐射小角 X 射线散射对氧化石墨烯表面结构变化的原位监控实现薄膜结构的“纳米修补”，澄清功能化石墨烯官能团影响石墨烯薄膜光谱特性的微观机理，探索石墨烯—电池功能层—金属微腔结构的光电场谐振规律，建立石墨烯电极结构的优化理论，进一步阐明石墨烯电极性能光电调控的物理机理，通过改进工艺方法获得光电性能可替代 ITO 的石墨烯透明电极。

雍少宏

1964 年 12 月出生。教育学院教授，硕士生导师，主要从事心理学、管理学的教学和研究工作。国家自然科学基金 2009 年、2011 年、2015 年地区基金获得者。

项目名称 （项目编号：71561021)

嘉言懿行：国家公职人员益社会行为研究

项目简介

以公职人员嘉言懿行为切入点，应用概念史、典型事件、问卷调查与统计分析、心理实验预测量、资料与数据挖掘等研究方法，从中国传统文化中君子行为特征研究入手，构建公职人员益社会行为的结构模型，开展公职人员嘉言懿行维度建构、共情机制、社会效应研究。本项目可扩展公职人员行为理论范畴，推进学术界对我国公职人员微行为研究的关注，丰富公共组织行为理论。同时，本研究对我国在转型期发扬传统文化优秀成果，重构政治文明，促进公职人员展现具有“公共性”的益社会行为，细化公职人员行为规范和教育，充分发挥公职人员在构建风清气正和谐社会以及带头践行社会主义核心价值观，推动社会进步的示范作用等方面具有应用价值。

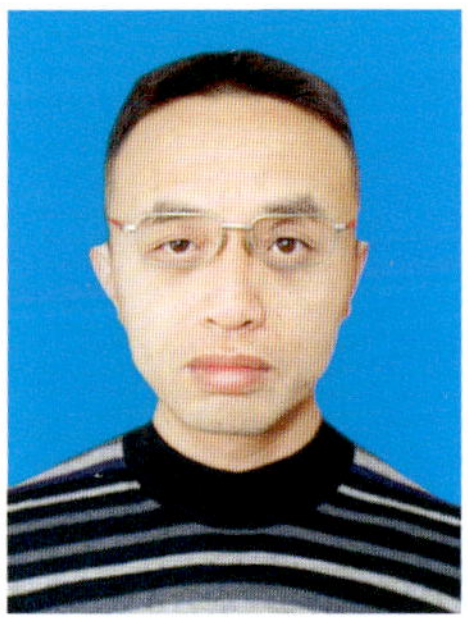

陈　纲

1977年12月出生。数学统计学院副教授，主要从事专业对策论、图论的教学和科研工作。国家自然科学基金2015年地区基金获得者。

项目名称　（项目编号：71561022）

一类部分合作对策解的研究

项目简介

具有联盟结构的合作对策包含局中人之间可能的先前关系的信息，这影响着局中人之间的合作，而具有交流结构的合作对策（图对策）能够很好体现出可行联盟内部的局中人之间的层次关系和交流情况。本项目主要扩展图限制下具有联盟结构的合作对策与具有交流结构的合作对策解的研究，研究内容一是利用模糊数学知识研究基于模糊联盟和模糊支付的图限制下具有联盟结构的合作对策，二是利用图论等相关知识研究基于交流结构的模糊联盟的合作对策。本项目拟在新的公理体系下，分别研究各合作对策的各种解的形式，并对解的性质和公理化特征进行研究，对各种解之间的关系进行比较分析。

冯　锋

1971年12月出生。信息工程学院教授，硕士生导师，主要从事计算机科学与技术专业的教学和科研工作。国家自然科学基金2015年地区基金获得者。

项目名称　（项目编号：71561023）

基于WSN和RFID融合技术的煤矿安全动态监测与预警机制研究及应用

项目简介

研究并解决RFID与ZigBee无线网络融合的关键理论和技术，建立RFID对ZigBee无线网络干扰的数学模型并进行仿真，开发抗干扰算法；提出基于二叉树分解的自适应RFID防碰撞算法，最大限度减少标签搜索时间，提高识别效率；在进一步研究RFID定位与跟踪技术的基础上，构建基于ZigBee无线传感网同RFID融合的煤矿安全动态监测与预警机制：前者用于目标环境状况如瓦斯浓度、空气湿度、压力等的监测，后者用于目标物体如矿工的定位和识别等，技术上的互补与相互依存，有效解决RFID数据在煤矿井下的传输问题，有效感知矿井下存在的安全隐患以及一旦矿难发生时人员的定位和搜救。

朱丽娅

1981 年 1 月出生。经济管理学院副教授，硕士生导师，主要从事市场营销及工商管理专业的教学和科研工作。国家自然科学基金 2015 年地区基金获得者。

项目名称 （项目编号：71562027）

社会化媒体背景下企业病毒式营销沟通策略及作用机制研究：双系统信息处理理论视角

项目简介

病毒式营销是指由企业主动发出营销信息，刺激消费者相互分享和传播信息的现象，目的在于通过消费者的口碑传播获取经济效益。近年来随着微博、社交网站等社会化媒体的迅速兴起，越来越多的企业借助这一新工具传播品牌信息，实施病毒式营销策略。然而，实践中很多企业对于如何运用社会化媒体与大众进行有效沟通以促进信息传播缺乏理论指导，现有研究文献对此探讨也相对不足。本项目将从信息内容视角，以双系统信息处理理论和刻板印象内容模型为理论背景，探究社会化媒体背景下企业品牌信息如何影响消费者的传播行为和品牌态度及其作用机制。同时，考察品牌特征、产品特征以及消费者个人特征等多个因素的调节机制。

何景涛

1971 年 6 月出生。博士，经济管理学院副教授，MBA 导师，主要从事工商管理专业的教学工作和组织行为学领域的研究工作。国家自然科学基金 2015 年地区基金获得者。

项目名称 （项目编号：71562028）

回族企业伦理特性及其形成机理研究

项目简介

该项目意在研究多元复合文化背景下企业伦理的特征表现和融合机理。在这样一个研究目标下，选取回族企业为研究的目标对象，采用成熟的伦理学研究量表，结合对民族文化的研究进行量表调试，以期更符合研究对象。通过调查研究，采用比较研究，力图呈现回族企业伦理的特性。在对企业伦理特性的研究基础上进一步应用结构方程模型探索其伦理特性的形成机理。研究期望能揭示文化对企业伦理特性的影响机理，从而对实际企业伦理特性的建构起到指导作用。

李国旗

1965 年 4 月出生。西部生态与生物资源开发联合研究中心教授，硕士生导师，主要从事植物生态学的教学和科研工作。教育部“新世纪优秀人才支持计划”入选者。国家自然科学基金 2006 年地区基金、2015 年应急专项基金获得者。

项目名称 （项目编号：31540007）

围封前后荒漠草原区土壤种子库特征与繁殖对策研究

项目简介

土壤种子库是植物种群的天然基因库，是植被自然更新的物质基础。荒漠生态系统是地球上最脆弱的生态系统，土壤种子库在荒漠生态系统重建和恢复过程中起着至关重要的作用。近年来荒漠区土壤种子库的研究已受到广泛关注。本项目拟以野外样方调查结合室内的控制实验和分析测试，通过对土壤种子库特征的研究，分析地上植被与土壤种子库的相关性，评价荒漠草原生态系统的恢复潜能；通过对围封前后生境的改变而导致的植物繁殖对策的变化研究，探讨植物如何通过最佳资源分配格局来适应环境。

刘智永

1983 年 11 月出生。博士，数学统计学院教师，硕士生导师，主要从事计算数学专业的教学和科研工作。国家自然科学基金 2015 年青年基金获得者。

项目名称 （项目编号：11501313）

基于径向基函数无网格离散的快速多水平算法

项目简介

作为数值求解偏微分方程的方法之一，径向基函数无网格方法不仅避免了在计算区域生成网格，而且更加适合求解高维问题。尽管紧支集径向基函数有稀疏的离散矩阵，但是存在支集大小与逼近精度之间的矛盾，即所谓的 trade-off 难题。本研究将在散乱数据集上使用快速多水平算法，通过分裂再生核 Hilbert 空间，建立等级的径向基函数，得到一族嵌套的函数空间。我们将估计等级径向基函数离散矩阵的条件数，以及分析嵌套函数空间上的瀑布型无网格算法的逼近性质。瀑布型无网格算法的好处在于能够避免网格生成的巨大工作量和冗繁的插值算子的构造，加速径向基函数无网格离散系统的代数求解，从而提升用径向基函数无网格方法数值求解偏微分方程的计算效率。

曹雨生

1985 年 8 月出生。博士，物理与电子电气工程学院讲师，主要从事光学领域的教学和科研工作。国家自然科学基金 2015 年青年基金获得者。

项目名称　（项目编号：11504190）

横电磁模导行光纤中电磁波的传播

项目简介

传统波导理论甚少论及介质波导中的横电磁模，这是可以理解的。对于由两种各向同性介质构成的波导，导行横电磁模要求其中一种介质是负折射的。近期的理论研究表明，在特定电磁参数条件下，负折射光纤具有横电磁模解，且模场分布具有任意性。模场分布任意的特性不仅在物理上极为有趣，同时有可能在应用上提供一种新颖的空分复用机制。横电磁模导行光纤是已知的唯一具有模场任意性的波导结构，对于这类独特光纤，目前仅进行了模式分析，亟待解决的物理问题包括带有激励源的稳态分析和瞬态分析。本项目将对上述两个问题做解析计算和数值模拟，以期阐明横电磁模导行光纤中电磁波传播的物理图象，并评估这种奇异光纤应用于空分复用的可能性。

刘文娟

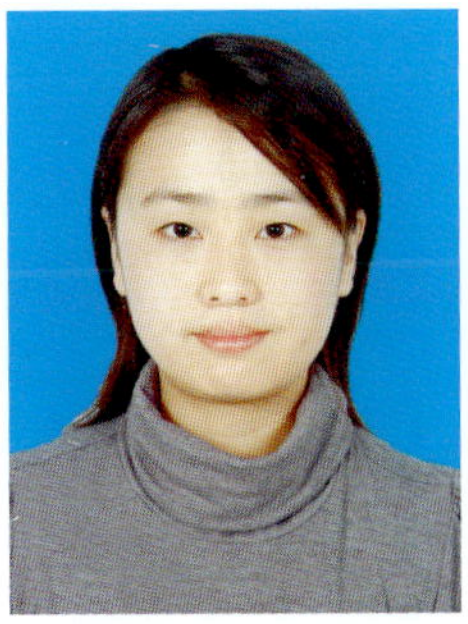

1982 年 4 月出生。农学院讲师，主要从事生态环境专业的教学和科研工作。国家自然科学基金 2015 年青年基金获得者。

项目名称　（项目编号：41501234）

宁夏中部干旱带土地利用 / 覆被变化对区域蒸散及土壤水分的影响

项目简介

本项目以宁夏中部干旱带为研究区域，选取该研究区近二十年来不同时期遥感资料，按土地利用 / 植被类型进行遥感数据解译，分析禁牧十年植被的恢复情况。通过对三种遥感蒸散模型的比较，建立宁夏中部干旱带最佳遥感蒸散模型，获得遥感信息反演的蒸散时空变异结果。在以上基础上分析土地利用 / 植被覆盖影响蒸散的基本规律，探讨干旱带土地利用 / 覆被变化对区域水循环过程的影响，从而揭示土壤、植被和水之间的相互作用关系。研究成果对宁夏中部干旱带退化生态系统的植被恢复具有重要的实际意义，同时为评估该区国家生态调控政策的实施效果提供科学依据。

高忙忙

1982 年 5 月出生。光伏材料重点实验室副教授，硕士生导师，主要从事材料科学专业的教学和科研工作。国家自然科学基金 2015 年青年基金获得者。

项目名称 （项目编号：51501096）

涂层导体用 Ni-5at.%W 合金基带织构形成过程中磁学性能研究

项目简介

近年来，以织构金属基带为基底制备的第二代高温超导材料钇钡铜氧（YBCO）涂层导体由于具有高的电流密度和低的制备成本等优点有着广泛的应用前景，但其在实际应用中具有交流损耗，其中 Ni-5at.%W（Ni5W）合金基带的铁磁损耗不可忽视。本项目拟结合 Ni5W 合金基带的制备工艺，首先研究冷轧基带中残余应力对磁性能的影响规律，其次分析形变织构向再结晶织构转变过程中取向之间的关联性以及各取向与磁化过程的内在本质联系，最后通过对再结晶立方晶粒的组织形貌和晶界对磁性能的影响机制进行表征，进而构建 Ni5W 合金基带织构形成过程中基带磁性能的调控模型，为优化制备高性能织构 Ni5W 合金基带提供理论依据。

胡春生

1982 年 3 月出生。机械工程学院讲师，硕士生导师，主要从事机械电子工程方向的教学和科研工作。国家自然科学基金 2015 年青年基金获得者。

项目名称 （项目编号：61502257）

GNSS 仿真模型服务化共享关键技术研究

项目简介

本项目提出构造一个开放可扩展的 GNSS 仿真环，通过将来自不同机构的仿真模型在此环境中进行大范围的跨网络共享来提升 GNSS 仿真的能力。拟对其中的两个关键问题进行研究，通过研究仿真模型全解耦服务化方法来实现 GNSS 仿真模型的快速接入、高度自治、良好的可配置性和交互性，为仿真模型在 GNSS 仿真环境中的大范围跨网络共享提供实现手段；通过研究仿真模型之间的关联关系和不同机制的关联关系表达框架来为仿真模型的快速筛选和快速匹配提供支撑，为仿真模型在 GNSS 仿真环境中构造仿真流程提供辅助手段。通过该项目的开展，将为 GNSS 仿真提供新的技术途径和手段。

国家社会科学基金获得者

杜建录

1962 年 2 月出生。博士生导师，自治区“新世纪 313 人才工程”（跨世纪学科与学术带头人）人选，国家“百千万人才工程”百千层次人选，教育部“长江学者”特聘教授，“宁夏社会科学突出贡献奖”（最高成就奖）获得者。主要从事中国少数民族史、西夏历史与文献的教学和科研工作。国家社会科学基金 2001 年一般项目、2006 年重点项目、2015 年重大项目获得者。

项目名称　（项目编号：15ZDB031）

西夏通志

项目简介

《西夏通志》由四大部分组成。第一部分是“西夏史通论”，相当于西夏史大纲，提纲挈领地讨论西夏历史若干重大问题。第二部分是“西夏国志”，相当于“正史”中的《志》，包括西夏职官志、西夏经济志、西夏地理志、西夏军事志、西夏文献志、西夏部落志、西夏语言志、西夏人物志、西夏文物志等，但内容、方法和“正史”中的《志》大不相同，而是根据资料和当代学术的发展赋予新的内容。第三部分是“西夏人物志”，相当于人物传记，对目前见于记载的所有西夏人物立传。第四部分是附《表》，包括《西夏交聘表》《西夏大事年表》《西夏纪年表》等。《西夏通志》项目将分三步完成。第一步为按卷编纂“西夏通志资料长编”；第二步对搜集到的西夏文献资料辨析考异；第三步删繁就简、去误存真、存疑待考，为学术界呈现一套资料翔实、内容丰富、观点鲜明的多卷本《西夏通志》。

孙振玉

1956 年 1 月出生。博士，政法学院教授，博士生导师，主要从事民族学专业的教学和科研工作。国家社会科学基金 2015 年重大项目获得者。

项目名称　（项目编号：15ZDB124）

伊斯兰教思想中国化的理论与实践研究

项目简介

项目以“如何认识伊斯兰教思想中国化的理论与实践”这一重大理论与现实问题为研究基点，以中国 10 个几乎全民信仰伊斯兰教的民族为研究对象，在充分占有文本资料和田野资料的基础上，运用教义文本分析，教义的跨文化比较、范畴分析，“在教研判”等方法，对伊斯兰教思想的中国化做理论研究、实践研究、区域研究、现实研究、经验总结与未来预测。项目的研究在推动社会各界正确认识宗教变迁规律，引导中国穆斯林信众客观地对待伊斯兰教思想中国化问题，推动穆斯林与非穆斯林间的对话与理解，推动中国伊斯兰教在新形势下的顺利发展等方面具有重要的学术价值和现实意义。

张 詠

1973 年 11 月出生。博士，人文学院副教授，主要研究领域为中国古代文化史、民族史与回族史。国家社会科学基金 2015 年一般项目获得者。

项目名称 （项目编号：15BZS011）

《回族家谱文献考述》

项目简介

本项目主要研究：一是文献性的基础研究，对于目前出版、搜集到的回族文献进行系统性的整理校勘，加深对于回族家谱资料价值的认识以及其编纂特点的认识；二是理论分析探究，对于回族家谱已有的研究成果进行更深入的分析、论述，以求形成较深层次的理论认识；三是现实应用，从回族自身的记载中寻求回族形成的过程，以及回族与中央政府之间的关系，以求对于目前的形势有借鉴作用。其中最为重要的是对于回族家谱的文献整理，与回族家谱同源异本的校勘，以及回族家谱体例与特点的综合分析。

张新军

1971 年 6 月出生。人文学院副教授，主要从事世界史和经济社会史的教学与科研工作。国家社会科学基金 2015 年一般项目获得者。

项目名称 （项目编号：15BSS030）

英国农民抗争运动研究（13—16 世纪）

项目简介

农民抗争运动是世界历史的普遍现象，相对于古代中国农民抗争运动，英国农民抗争运动展现的是规模的低烈度性、要求的有限性、结局的妥协性和目标的可实现性。本项目围绕他们的诉求——时人称之为特权，现代人谓之自由展开研究，以中国问题意识来求解英国农民抗争的手段及其效果，抗争运动展现的特点及历史效应，从而揭示英国社会实现平稳转型的规律。本项目在继承中外学者研究方法的基础上，一方面继受西方马克思主义学者的视角，从阶级关系和地租切入农民面临的现实性问题，另一方面要坚决舍弃阶级斗争为纲的史观；一方面继受新马尔萨斯主义擅长的市场经济的视角，特别是运用物价通胀等因素评估地租赋税在农民负担中的比重，另一方面运用法兰克福学派第三代领军学者阿克塞尔·霍耐特的“承认理论”，揭示英国农民抗争运动的正面意义。

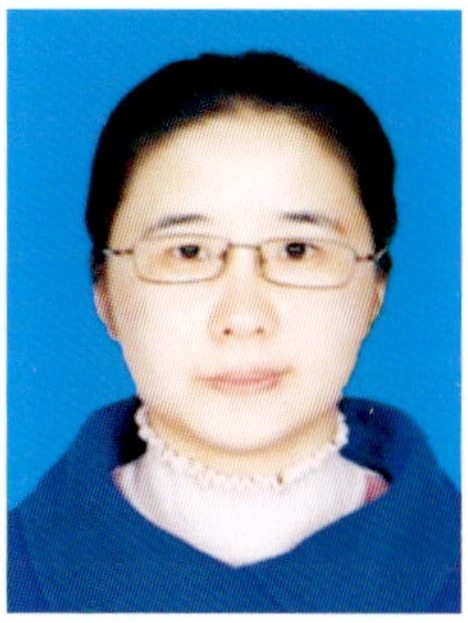

柳玉宏

1978年12月出生。人文学院副教授，硕士生导师，主要从事汉语言文字学专业的教学和科研工作。国家社会科学基金2015年一般项目获得者。

项目名称 （项目编号：15BYY112）

俄藏黑水城汉文文献俗字整理研究

项目简介

本项目以《俄藏黑水城文献》汉文文献中的俗字为研究对象。整理篇对俄藏黑水城汉文文献中俗、简、错讹文字材料进行全面穷尽性的梳理、校勘，整理出俗字表。对以前俗字典中未出现的俗字进行重点考释，确定其音、义，并在此基础上探讨黑水城汉文文献俗字的考辨方法及俗字的构型特点。整理出的俗字与正字进行对比，分析俗字的类型。分析整理出的俗字的系统性，俗字最初可能是无意识地把一些形似构件写作一个形体，随着使用的增多，这些俗写的构件也就成为人们在书写时最先考虑的俗化构件，这样在俗字系统内部就使得构形统一化了。探明黑水城汉文文献中俗字的演变源流，有一些现行简化字，看似与繁体字没有太大联系，通过对俗字的研究，我们可以清楚地勾勒出汉字从甲骨文直到现行简化字发展演变的脉络。

胡　滨

1963年12月出生。政法学院教授，硕士生导师，主要从事马克思主义哲学、普通逻辑学等的教学工作。国家社会科学基金2015年一般项目获得者。

项目名称 （项目编号：15BKS009）

中华传统文化精神与社会主义核心价值观的关系研究

项目简介

本项目拟从中华传统文化精神与社会主义核心价值观的关系入手，突出中华传统文化的基本精神，凸现中华传统文化与社会主义核心价值观的内在联系；通过对中华传统文化精神内容的系统整理，丰富其内涵，从自强不息、贵和持中、正道直行、忠孝传家、民为邦本、心忧天下、天下兴亡、求是务实、天人合一等九个方面阐述与社会主义核心价值观的关系；补充了关于社会主义与中华传统文化的关系，特别是马克思主义中国化与中华传统文化精神的关系研究。通过对儒家与各家思想的比较研究，为社会主义核心价值观的核心地位提供历史借鉴。

周丽娅

1984年2月出生。博士，讲师，主要从事阿拉伯语教学与阿拉伯文化研究工作。国家社会科学基金2015年青年项目获得者。

项目名称 （项目编号：15CZJ016）

优素福·盖尔达维中间主义思想及其对中国穆斯林的影响研究

项目简介

本项目围绕当代阿拉伯世界著名思想家优素福·盖尔达维的中间主义思想展开，将对优素福·盖尔达维中间主义思想的理论框架、核心内容、体系特点、思想传承、发展状况及其社会影响，尤其是对中国穆斯林的影响进行详细的论述。优素福·盖尔达维中间主义思想是基于现实需要对伊斯兰教的时代解读，他认为伊斯兰应该是中正和谐的，不激进也不消沉，不左不右，不偏不倚，倡导精神修养与物质需求并重，不能教条刻板，也不能随意臆造，要在坚持原则的基础上灵活务实地进行改进和革新，提出稳定与通变是伊斯兰的特色之一。因为它重申了伊斯兰教的基础是宽容，伊斯兰是一种积极主动的生活态度，是信仰的内化和精神与实践的兼修，任何极端与恐怖行径都不属于伊斯兰教。

孔德银

1981年3月出生。体育学院讲师，主要从事体育教学和科研工作。国家社会科学基金2015年青年项目获得者。

项目名称 （项目编号：15CTY022）

生态移民背景下宁夏少数民族传统体育发展困境及创新研究

项目简介

少数民族传统体育运动项目，是少数民族在漫长的历史中创造和积淀下来的与各民族的社会特征、经济生活、宗教仪式、风俗习惯、历史文化息息相关的传统文化。它充分体现了我国少数民族共有的文化价值观念和审美理想，其核心内涵是非物质的。生态移民使原处山区的农民生活条件得到了极大改善，但是现在移民区社会结构、生产和生活方式都产生了重大变化，对包括回族传统体育在内的少数民族传统文化的传承形成了前所未有的挑战。本研究针对各少数民族传统体育项目发展问题提出相应的对策，对宁夏各少数民族传统体育项目进行相应研究与推广，使其既能在体育教学和大众健身中发挥作用，又能登上竞技体育舞台，发挥其社会经济功能。

许丽君

1974 年 6 月出生。博士，人文学院教授，主要从事旅游管理、旅游开发与规划管理、服务质量评价与控制等方面的教学与研究工作。国家社会科学基金 2015 年一般项目获得者。

项目名称 （项目编号：15XGL010）

“一带一路”战略与宁夏穆斯林旅游文化产业的国际化发展研究

项目简介

本项目的主要研究内容包括：（1）研究丝绸之路经济带上沿线国家的旅游产业发展现状、开发现状和合作现状；沿线国家旅游文化资源的空间布局；丝绸之路经济带中国各省区的旅游产业发展现状与合作现状；（2）系统研究“一带一路”战略对宁夏穆斯林旅游文化产业发展的影响，对影响宁夏文化旅游业发展的因子进行判识，并分析影响宁夏穆斯林文化旅游业发展的主导因子；（3）分析宁夏穆斯林旅游文化资源的类型与空间分布特点；（4）分析宁夏穆斯林旅游文化资源的开发与利用现状；（5）用定性与定量的方法对宁夏穆斯林旅游文化产业国际化发展的适宜性做出科学评价；（6）“一带一路”战略背景下，宁夏穆斯林旅游文化产业国际化的发展策略研究。

惠继东

1958 年 7 月出生。人文学院教授，硕士生导师，主要从事外国文学和东干文学批评的教学与研究工作。国家社会科学基金 2015 年西部项目获得者。

项目名称 （项目编号：15XZW007）

东干文学批评形态研究

项目简介

东干文学评论包括东干语评论、俄语评论和汉语评论三种形态。对这种两极化的评论话语进行研究体现了维系多元文学批评的理论价值。项目侧重从未被触及的文学批评层面进行研究，突出的是文学批评与文学创作并重的学术思想，强调的是三种语言东干文学批评形态的确立与东干华裔文化语境密切相关的学术观，以此彰显中亚华裔东干文学批评与中国本土文学批评的同根同源，显示其脱离祖籍地之后，在与异国强大的主流文学批评话语长期接触碰撞下产生的演变过程和规律。这样就把汉语文学批评形态纳入东干学者的双语文学批评形态体系中实现东干文学批评的完整建构，从而对多元东干文学批评形态的对立统一关系及其与东干文学创作关系提出一种新的阐释。

陈春霞

1974年4月出生。人文学院副教授，硕士生导师，主要从事中国古代文学领域的教学和科研工作。国家社会科学基金2015年西部项目获得者。

项目名称 （项日编号：15XZW018）

汉代安定郡梁氏家族及其文学研究

项目简介

本项目以汉代安定郡乌氏（今宁夏固原）梁氏家族作为研究对象，从地域文化、家族文化角度研究汉代宁夏文学发展。项目依据社会史中的“家族”理论，强调汉代安定梁氏家族以血缘关系为纽带，通过与皇室的联姻，取得政治上的优势地位，并在汉代社会生活中发挥强大影响力。在广泛搜集和运用资料时，紧紧围绕汉代安定梁氏家族成员进行，以期对汉代安定梁氏家族发展、学术思想及文学成就作系统、全面的研究。

张富宝

1976年9月出生。硕士，人文学院副教授，主要从事美学、文艺学与宁夏文学的教学和科研工作。国家社会科学基金2015年西部项目获得者。

项目名称 （项目编号：15XZX023）

后现代文化语境与“审美异化”问题研究

项目简介

本项目结合当前社会的文化状况与现实境遇，充分吸纳美学、文艺学、心理学、社会学以及文化研究等多种研究视角，力求将社会调查、实证研究与理论阐释相结合，从而对“审美异化”问题进行全方位、多层次的透视。主要内容：（1）后现代文化语境与美学的嬗变。（2）“审美异化”理论谱系的梳理与研究。（3）“审美异化”的内涵研究：“美”与“真”的异变与回归；“美”与“善”的异变与修复；从“审美乌托邦”到“审美异托邦”；从物化、仿象到符号游戏；当代社会审美病：技术主义、娱乐主义与虚无主义。（4）审美范畴的异变研究。如“喜剧”的滥用及其后果，娱乐时代的“悲剧”异变，“崇高”的消解与重构等。（5）典型案例与审美现象的分析研究。（6）诊治与纠偏“审美异化”问题的策略研究。

刘 芳

1963年5月出生。政法学院教授，硕士生导师，主要从事经济法学、国际经济法学、社会法学专业的教学和科研工作。国家社会科学基金2015年西部项目获得者。

项目名称 （项目编号：15XFX005）

民族地区社区社会组织法律治理研究

项目简介

本项目研究的主要内容包括：（1）涉外民间组织政府管理的理念基调；（2）涉外民间组织政府管理的主体架构；（3）涉外民间组织政府管理的准入制度；（4）涉外民间组织政府管理的法律规制；（5）涉外民间组织政府管理的政策导向；（6）涉外民间组织政府管理的监督机制；（7）涉外民间组织政府管理的财税调控。通过分析上述问题，深入挖掘表面现象背后的深层次背景，客观评价涉外民间组织的积极作用，以及如何处理政府与涉外民间组织的关系，揭示涉外民间组织的活动对我国的政治安全构成的威胁；分析和借鉴其他国家对涉外民间组织管理和利用的政策、制度，立足我国国情，提出政府应对社会组织的活动加强管理的政策和策略。

杨国举

1967年10月出生。政法学院副教授，硕士生导师，主要从事刑法学的研究工作。国家社会科学基金2015年西部项目获得者。

项目名称 （项目编号：15XFX008）

刑法中的接受性责任理论研究

项目简介

本项目只研究刑事责任中的接受性责任部分，以揭示刑事责任的实质性侧面。接受性责任是指行为人在实施危害行为时，基于自身的角色、行为的历史及对社会关系等的负责性，依法应当承担刑事责任的情形。接受性责任是一种“在先——负责性”，是个体对本己的个体行为之外的所有其他事情的原初“共同负责性”。它是和“自身负责性”一起直截了当地被给予的，并且包含在一个共同体伦常的本质之中。本项目的主要目标有：（1）构建一个与现代社会契合的、以现代哲学理论为构成原则的接受性责任理论体系。（2）将自然的、社会的、人格的以及价值的等情景吸纳入刑事责任中，加强对刑事责任的现象学研究。（3）建立个人责任与接受性责任共存的二元的刑事责任理论。

杨文林

1971年4月出生。政法学院副教授，硕士生导师，主要从事公共管理的教学和科研工作。国家社会科学基金2015年西部项目获得者。

项目名称 （项目编号：15XMZ038）

回族非物质文化遗产生产性保护研究

项目简介

实现回族非物质文化遗产有限商品化，整体性地构建回族非物质文化遗产生产性保护市场体系。主要目标：（1）在立法性保护和抢救性保护研究的基础上，建立回族非物质文化遗产生产性保护的理论体系，丰富回族非物质文化遗产保护研究内容和完善其研究体系，为理论研究和政府决策提供参考依据。（2）通过政府主导、社会参与、市场运行、个人发展的原则，整合回族非物质文化遗产资源，建立产业价值链，推动回族区域社会经济发展。（3）探索生产要素市场和产品市场的整体协同保护机制，通过文化资源和人力资源禀赋的开发，吸引更多的人参与到非物质文化遗产传承和创新中来，实现其“活态”的流变。

梁莉莉

1980年2月出生。博士，回族研究院助理研究员，主要从事民俗学、人类学等领域的教学和科研工作。国家社会科学基金2015年西部项目获得者。

项目名称 （项目编号：15XMZ037）

回族非物质文化遗产传承的现实困境及其对策研究

项目简介

项目以人类学、民俗学和文化遗产学相关理论为指导，立足遗产理论及民族志反思的视野，以四批进入国家级名录体系的22项回族非遗代表作为主要研究对象，呈现不同地域中不同类别回族民间文化在“遗产化”后的传承现状。本项目试图通过对回族非遗传承现实困境及其应对策略的个案研究，进一步探讨我国回族及其他兄弟民族非遗传承的有效路径，特别是信仰伊斯兰教民族在非遗传承中借鉴和运用这些措施的可能性。通过对回族非遗传承现状评估及传承规律的学理思考，探索回族非遗的传承机制，为建构中国以少数民族非遗为主体的遗产知识体系积累回族研究的资料。在这方面本研究体现了其主要的学术价值和现实意义。

王琳瑛

1982 年 3 月出生。硕士，经济管理学院讲师，主要从事农林管理专业、农村发展与管理领域的教学和科研工作。国家社会科学基金 2015 年西部项目获得者。

项目名称 （项目编号：15XMZ067)

宁夏回族文化空间形塑研究

项目简介

传统村落是回族文化空间的本底场域，在一定的地理空间内由一定数量、类型的物质文化（如民间建筑、宗教建筑、服饰饮食、生活器皿、手工艺品、乐器、民族医药等）和非物质文化（如民俗礼仪、民族节庆、宗教仪式、传统歌舞、手工技艺等）及其承载族群文化的行为同构的社区共同体与文化共同体的凝融体。在中阿博览会、宁夏内陆开放型经济试验区及“一带一路”宏观背景下，回族文化旅游已经成为经济发展新的增长点，实现回族文化的保护、传承与开发，协调好民族间的关系意义重大。经济与文化发展互动中正面和负面效应并存，以人类发展的价值观探讨并判断回族文化空间形塑结果是否符合文化意义上人的发展，回族文化被泛化还是被压缩，尊重回族群众的文化发展愿景，最终形成和谐的文化自觉和文化自信。

索　引

国家自然科学基金获得者

国家社会科学基金获得者